판타스틱 초기 국가 탄생기

재미만만 한국사 2
판타스틱 초기 국가 탄생기

초판1쇄 발행 2020년 8월 24일 | 초판15쇄 발행 2024년 7월 3일
글 양혜원 | 그림 전기훈 | 감수 하일식
발행인 이봉주 | 편집장 안경숙 | 기획 안경숙, 구름돌 | 편집 및 디자인 구름돌
디자인 포맷 구름돌, 민트플라츠 송지연 | 마케팅 정지운, 박현아, 원숙영, 김지윤, 황지영 | 제작 신홍섭

펴낸곳 (주)웅진씽크빅 | 주소 경기도 파주시 회동길 20 (우)10881
문의전화 031)956-7440(편집), 031)956-7569, 7570(마케팅)
홈페이지 www.wjjunior.co.kr | 블로그 blog.naver.com/wj_junior
페이스북 facebook.com/wjbook | 트위터 @new_wjjr | 인스타그램 @woongjin_junior
출판신고 1980년 3월 29일 제406-2007-00046호 | 제조국 대한민국 | 사용 연령 7세 이상

글ⓒ양혜원, 2020 | 그림ⓒ전기훈, 2020
저작권자와 맺은 특약에 따라 검인을 생략합니다.

웅진주니어는 (주)웅진씽크빅의 유아·아동·청소년 도서 브랜드입니다.
이 책은 저작권법에 의해 한국 내에서 보호를 받는 저작물이므로 무단전재와 복제를 금하며,
이 책 내용의 전부 또는 일부를 이용하려면 반드시 저작권자와 (주)웅진씽크빅의 서면 동의를 받아야 합니다.

ISBN 978-89-01-24405-1 · 978-89-01-24403-7(세트)

잘못 만들어진 책은 바꾸어 드립니다.
▲주의 1. 책 모서리가 날카로워 다칠 수 있으니 사람을 향해 던지거나 떨어뜨리지 마십시오. 2. 보관 시 직사광선이나 습기 찬 곳은 피해 주십시오.

판타스틱 초기 국가 탄생기

글 양혜원 | 그림 전기훈

웅진주니어

차례

1 (6~29쪽) 부여, 우리 역사의 뿌리!

이름: 여민
신분: 귀족
특기: 왕 모시기

부여와 백성들에 대한 사랑이 넘쳐서 왕을 도와 부여를 잘 다스린다. 은근히 자기 자랑을 즐기는 매력 만점 스타일!

2 (30~55쪽) 부여를 떠난 주몽, 고구려를 세우다!

이름: 주몽
직업: 왕
특기: 땅 넓히기

마음먹은 일을 꼭 이루는 의지가 강한 인물. 현실에 안주하지 않는 미래 지향적인 성격이다. 고구려를 세우고 계획을 세워 땅을 넓힌다.

3. 고구려 왕자 온조가 세운 백제

56~75쪽

이름: 온조
직업: 왕
특기: 땅 고르기

왕자의 자리를 가뿐하게 포기하고 자기 나라를 세우기 위해 길을 떠난 쿨~ 남! 좋은 땅을 잘 골라 백제를 세우고 키워 나간다.

4. 신라, 고조선 사람들이 뿌리내린 곳

76~101쪽

이름: 박혁거세
직업: 왕
특기: 오래 살기

흰색도 노란색도 아닌 자주색 알에서 태어난 판타스틱 끝판왕. 발로 직접 찾아다니며 신라 백성들의 삶을 살피는 실천가형 왕이다.

1 부여, 우리 역사의 뿌리!

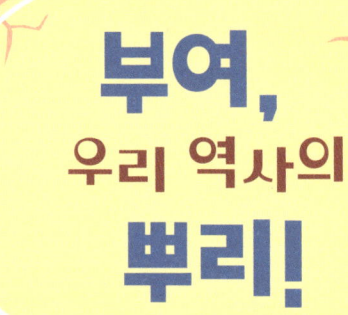

아, 원통해라!
고조선이 중국 한나라에
멸망했다는 소식을 들었어.
나는 고조선에 이어
우리 겨레의 두 번째 나라 부여의 귀족.
고조선은 내 나라 부여와 같은 민족이 세운 나라야.
고조선 사람을 만나 본 적은 없지만,
고조선 멸망은 내 가슴을 아프게 하네그려.

내 나라 부여!
부여는 고조선이 멸망하기 전에 세워진 나라야.
고조선이 멸망할 무렵, 만주와 한반도에는
부여, 고구려, 옥저, 동예, 삼한 같은
고만고만한 나라들이 커 가고 있었어.
그중에 부여가 가장 먼저 나라다운 틀을 갖췄지.
흠, 여기서 부여의 땅 자랑을 좀 해야겠구나.
부여가 있는 만주 쑹화강 주변은 대부분이 산이었어.
하지만 부여가 자리 잡은 곳은
산보다 평평한 들판이 많았고 강을 끼고 있었어.
그래서 밭농사를 짓기 알맞은 땅이라
먹고살기 좋았단다.

밭농사를 지으면서도
들판에는 풀이 잘 자라 말 기르기에 좋았어.
또 소, 돼지, 닭, 개 등 여러 가축도 길렀지.
이렇듯 부여는 목축도 발달했어.
가축을 잘 기른다고 이웃 나라에
소문이 날 정도였으니까.

부여는 여러 부족이 모여서 만든 나라로
가장 큰 부족의 우두머리를 왕으로 뽑았어.
왕은 중앙을 다스리고 중앙을 중심으로
동, 서, 남, 북 네 지역을 우리 대가들이 다스렸지.
"모두 힘을 모아 부여를 잘 다스려 봅시다!"

부여에서는 흉년이 들어 농사라도 망치게 되면
대가들이 모여 귀족 회의를 했어.

"흉년이 들어 백성들이 굶고
있다고 합니다.
왕이 책임을 지고
물러나야겠어요."

"네, 맞습니다!
왕을 새로 뽑아야지요."
귀족 회의에서
왕을 바꾸기로 하면
새로운 왕을 뽑았어.

최악의 경우에는 왕의 목숨을 뺏으려고도 했지.
부여가 세워지고 처음엔 귀족 회의에서
모든 것을 결정했기에
왕의 힘이 약했어.
하지만 시간이 지나면서
왕의 힘은 점점 강해졌단다.

우리 부여는 땅을 넓히고
노비를 늘리기 위해 전쟁을 자주 벌였어.
"전쟁이다!
모든 대가는 군대를 이끌고 즉시 싸움에 참여하라!"

왕의 전갈이 긴급하게 도착하면 대가들은 즉시 군사를 모아서
왕의 지휘 아래 거침없이 싸우러 달려 나갔어.
똘똘 뭉쳐서 용맹하게 적을 무찌른 거야.
이런 조직적인 힘이 부여를 점점 강한 나라로 키웠단다.
그 이후 어느 정도 시간이 흘러서는
대가들 스스로 군사를 이끌고 싸우기 시작했지.
부여, 고조선에 버금가는 강한 나라!

드디어 한나라가 멸망했어.
아, 벌떡 일어나 춤이라도 추고 싶었어.
그런데 한나라가 멸망하자, 한나라 눈치를 보던 세력들이
중국 여기저기서 나라를 세우기 시작했어.
그중에 서쪽의 선비족 사람들이 말썽이었어.
전쟁을 일으켜 옛 한나라 땅을 야금야금 정복하더니,
우리 부여를 넘보기 시작한 거야.
"선비족의 기세가 거칠고 공격적입니다!"
"유목 민족이라 말타기에 능하고
활도 엄청나게 잘 다룹니다!"

게다가 남쪽의 고구려도 문제였어.
"고구려의 공격으로 우리 부여의 왕 대소가 죽었소.
이를 어찌하면 좋겠소?"
"고구려가 자주 쳐들어오는데
우리 군사들은 힘을 못 쓰고 있소이다."

"음, 선비족과 고구려를
동시에 막아 낼 방법을
찾아야 하오."
"뭔가 방법이 있을 거요.
잘 의논해 봅시다."
왕과 우리 대가들은
머리를 맞대고
방법을 찾았지.

일찍이 적에게 진 적이 없는 내 나라 부여야.
선비족과 고구려를 모두 막아 낼 방법!
바로 후한! 후한과 힘을 합치는 거야.
후한은 한나라의 남은 세력들이 한나라를 이어받아 세운 나라였어.

부여는 후한과 긴밀한 관계를 맺으면서
선비족과 고구려를 견제했어.
후한이 고구려를 공격할 때는
군사들이 먹을 식량을 대 주기도 하면서 말이야.
이렇게 한동안 평화로운 나날이 이어졌어.

둥둥둥!
두두둥! 둥둥!

어이구, 북소리 한번 힘차다!
어깨가 절로 들썩이는걸!
12월 '영고' 축제 날.
한 해 농사가 잘된 것을 감사하는 날이야.
이날은 모든 백성이 모이고,
왕이 제사장이 되어 하늘의 신께 제사를 지냈어.

하늘의 신이시여!

제사를 마치면 귀족 회의를 열었어.
왕과 대가들이 다 모이는 자리였으니까.
"올해 대가들이 다스리는 지역의
농사는 어땠습니까?"
"내년엔 고구려 침입에 대비해서
군대를 더 키워야겠어요."
귀족 회의에서는 한 해를 돌아보고,
다음 해에 어떻게 해야 할지
나라의 중요한 문제를
의논하고 결정했지.

또 이렇게 모인 김에
죄지은 사람의 잘잘못을
따져 벌을 내리고,
죄가 가벼운 사람을
풀어 주기도 했어.

사람을 죽인 자는
사형에 처했고,
그 가족은
가장 낮은 신분인
노비가 되게 했어.

"콩 한 바가지를 훔쳤다고?
콩 열두 바가지를 주인에게
돌려주거라."
도둑질한 사람은 열두 배를
갚아야 했어.

우리 부여는 예의 바른 나라.
그만큼 나라를 다스리는
법이 엄격했고,
백성들은 법을 믿고 따랐지.

백성들은 정성껏 마련한 음식으로
몇 날 며칠 먹고 마시고 춤추고 노래하며
축제를 즐겁게 즐겼어.

우리 부여는 나라도 안정되고 힘을 쑥쑥 키워
남쪽에 위치한 요동 평야 지역으로 땅을 넓히기 시작했어.
그곳은 고구려도 욕심을 내던 땅이야.
그 때문에 고구려와 더 자주 부딪치게 되었어.
또 중국의 선비 가운데 모용씨 세력은
자꾸 쳐들어와서 우리 부여를 괴롭혔고.

내 나라 부여는 안타깝게도 서서히 힘이 약해져
끝내 고구려에 함락되고 말았어.
왕과 대가들이 똘똘 뭉쳐 다스린 강한 나라 부여.
두 나라 사이에 끼어서 그만…….
아, 가슴이 갈기갈기 찢어지듯 마음이 아프네그려.

하지만 고구려는 내 나라 부여의 아들,
주몽이 세운 나라 아니겠니?
부여에서 갈라져 나간 주몽이
고구려를 세우는 이야기를 들어 본다면
부여의 멸망이 그리 가슴 아프지는 않을 거야.
자, 내 이야기는 여기까지.
이제 주몽을 만나러 가 보자.

내가 바로 그 유명한 주몽!

2. 부여를 떠난 주몽, **고구려**를 세우다!

나는 고구려를 세우고 첫 번째 왕이 되었지만
그날을 생각하면 언제나 가슴 아파.
어머니와 아내를 두고 부여를 떠난 날이었어.
"주몽아, 부여 사람들이 널 시기해서 해치려 한다.
넌 머리가 좋고 재주가 뛰어난 아이니
 멀리 가서 뜻을 이루도록 하여라."
어머니는 한동안 내 손을 놓지 못했어.
아이를 가진 아내는 그저 눈물만 흘렸지.
"네, 반드시 새로운 나라를 세우겠습니다!"
그러고는 몰래 부여를 빠져나왔어.

내가 부여를 떠난 이유가 궁금하니?
그렇다면 먼저 내 어머니 유화 부인의 이야기를 들어 봐.
어머니는 물의 신 하백의 딸이었어.
어느 날 어머니는 북쪽 압록강 물가에서 동생들과 놀다가,
하늘 신의 아들인 해모수를 만나 사랑을 나누었지.
외할아버지 하백은 크게 화를 냈어.
"내 허락 없이 남자를 만나다니! 당장 나가거라!"

마침 부여의 금와왕이 울고 있는 어머니를 보았어.
"쯧쯧, 젊은 여인이 무슨 일이 있기에……."
금와왕은 어머니를 가엾게 여겨 궁궐로 데리고 갔어.
어머니는 금와왕의 도움을 받아 궁궐에서 살게 되었지.

그러자 금와왕이 깜짝 놀라서 소리쳤어.
"사람이 알을 낳다니! 이 무슨 불길한 징조인고?
당장 갖다 버리거라."

신하들은 개와 돼지에게 알을 먹이로 주었어.

하지만 알을 먹기는커녕
개도 슬슬 피하고,

돼지도 슬슬 피했어.

길에다 버렸더니
소나 말도 피해 다녔고 말이야.

들판에 버렸더니 이번엔 새가 날개로 감싸 주었네.

"안 되겠다! 내가 직접 깨뜨려 버려야겠어!"
금와왕이 알을 깨뜨리려 했지만, 알은 끄떡없었어.
그러니 어째? 할 수 없이 어머니에게 알을 돌려주었지.
어머니는 알을 천에 싸서 따뜻한 곳에 두었어.
그랬더니 얼마 뒤 늠름한 사내아이가
껍데기를 부수고 나왔다지 뭐야.
그게 바로 나야, 나!
정말 판타스틱한 이야기지?

왜 나라를 세운 왕은
알에서 태어나냐고?
옛날 사람들은 왕을 하늘에서
내려 준다고 믿었어.
그래야 백성들이 왕을 특별한 존재로 믿고 떠받들면서
큰 힘을 가질 수 있었던 거지.
게다가 농사가 중요했던 때라 태양을 받들어 모셨는데,
태양을 닮은 알에서 태어난 왕이야말로
나라를 잘 다스릴 수 있다고 믿은 거야.
그래서 왕이 알에서 태어났다고 꾸며서 전해.

여기까지가 옛날부터 전해 내려오는 신비스러운 이야기,
즉 신화인 나의 알 탄생기!
계속해서 나의 특별한 이야기를 들려줄게.
나는 태어날 때부터 몸집이 크고 잘생겼어.
음, 총명하고 씩씩했고.
왕들은 특별하다고 했지?

활을 잘 쏘는 나는
무럭무럭 자라서
의젓하고 당당한 청년이 되었어.

금와왕에게는 일곱 명의 아들이 있었는데,
이런 나를 시기하고 두려워했어.
왕의 아들도 아닌 내가 그들보다
재주와 능력이 뛰어났으니 그럴 만도 했지.

금와왕은 차마
일곱 왕자 말대로
할 수가 없었어.
"주몽아, 넌 이제부터
마구간에서
말을 돌보거라."

참자!

얼마 뒤 사냥 대회가 열렸어.
나는 정성껏 기른 날쌘 말을 타고
대회에서 일 등을 했어.
가장 적은 화살로 가장 많은 사냥감을 잡은 거야.

내 실력을 봐라!

그러자 일곱 왕자와 그들을 따르는 신하들까지
뭉쳐서 나를 죽이려 했지.
어머니가 그걸 눈치채셨어.

이래서 내가
부여를 떠나게 되었단다.

나와 부하 셋은 강을 건너
남쪽으로 남쪽으로 내려가 졸본에 닿았어.
졸본에는 이미 작은 나라들이 자리 잡고 있었는데,
나는 그곳에서 나를 마음에 들어 하는 왕의 둘째 딸
소서노와 혼인했어.
그리고 소서노의 도움을 받아 세력을 넓혀 나갔지.
그렇게 만든 작은 나라 계루부.

작은 나라에서 머물 것이냐?
새로운 나라를 크게 세울 것이냐?
여기서 멈춘다면 나, 주몽이 아니지.
꿈이 그 정도였다면 부여를 떠나지도 않았어.

나는 먼저 졸본 근처 힘센 나라 비류국의
송양왕에게 도전장을 던졌어.
"그깟 애송이가 나한테 도전을 해!"
송양왕은 나를 비웃었지만
나는 보기 좋게 비류국을 무너뜨렸어.
내가 만든 작은 나라 계루부,
그리고 비류국, 연나국, 관나국, 환나국 다섯 집단을 합쳐서
마침내 '고구려'라는 큰 나라를 세웠단다.
이 다섯 집단은 고구려의 5부가 되어
고구려를 나라다운 나라로 만들어 나갔지.

그때가 내 나이 스물둘.
나는 내가 세운 고구려를
강하게 만들고 싶었어.
가장 먼저 할 일은
땅 넓히기!

고구려의 땅 넓히기 사업 계획서

1. 가까이 있는 '말갈' 정복하기.
2. 동쪽으로 진출, '북옥저' 쳐들어가기.

그러자 신하들이 환호성을 질렀어.

"대찬성입니다!"

거침없이 나아가 말갈을 정복하고,
북옥저를 정복하고!
부여를 떠나온 나, 주몽이 세운 고구려는
점점 강해졌어.

슬슬 나라의 틀도 갖추어졌고,
해마다 10월에는 축제가 열렸지.
부여의 '영고'가 있듯이 고구려에는 '동맹'이 있어.
내가 원래 부여 사람이잖아.
부여의 좋은 점은 본받아야 하지 않겠니?
축제는 하늘에 제사를 지내는 것으로 시작했어.
"풍성한 곡식을 거둘 수 있도록
햇빛과 바람과 비를 내려 주셔서 고맙습니다!"

백성들도 축제를 마음껏 즐기게 했어.
"백성들에게 음식을 넉넉하게 내어 주고,
오늘만큼은 일하지 말고 노래하고 춤추며 마음껏 놀게 하라!"
백성들은 밤낮을 가리지 않고
먹고 마시고 노래를 부르고 춤을 추었지.
내 입가에는 흐뭇한 미소가 흘렀단다.

나는 18년 동안 왕의 자리를 지켰어.
내 뒤를 이어 첫째 아들 유리가 고구려의 두 번째 왕이 되었지.
내가 부여를 떠나올 때 아내의 배 속에 있던 아들인데
고구려까지 나를 찾아온 거야.
내가 유리에게 왕의 자리를 물려주려고 하자
소서노가 낳은 두 아들 비류와 온조는
고구려를 떠나고 말았지.
아내 소서노마저도 아들들을 따라나섰단다.
그 일만 생각하면 가슴이 미어지는구나.
부여의 아들 나 주몽,
그리고 내 나라 고구려의 왕자들,
비류와 온조!
두 아들은 어디로 간 것일까?

3. 고구려 왕자 온조가 세운 백제

부여에서 갈라져 나온 고구려.
고구려 왕자 나, 온조가 세운 나라 백제!
부여와 고구려에 이어
백제도 한줄기라고 할 수 있지.
그럼 나도 알에서 태어났냐고?
나라를 세운 왕들이 모두 알에서
태어났다고 꾸며서 전하는 건 아니야.
나는 어머니 소서노가 낳았지.

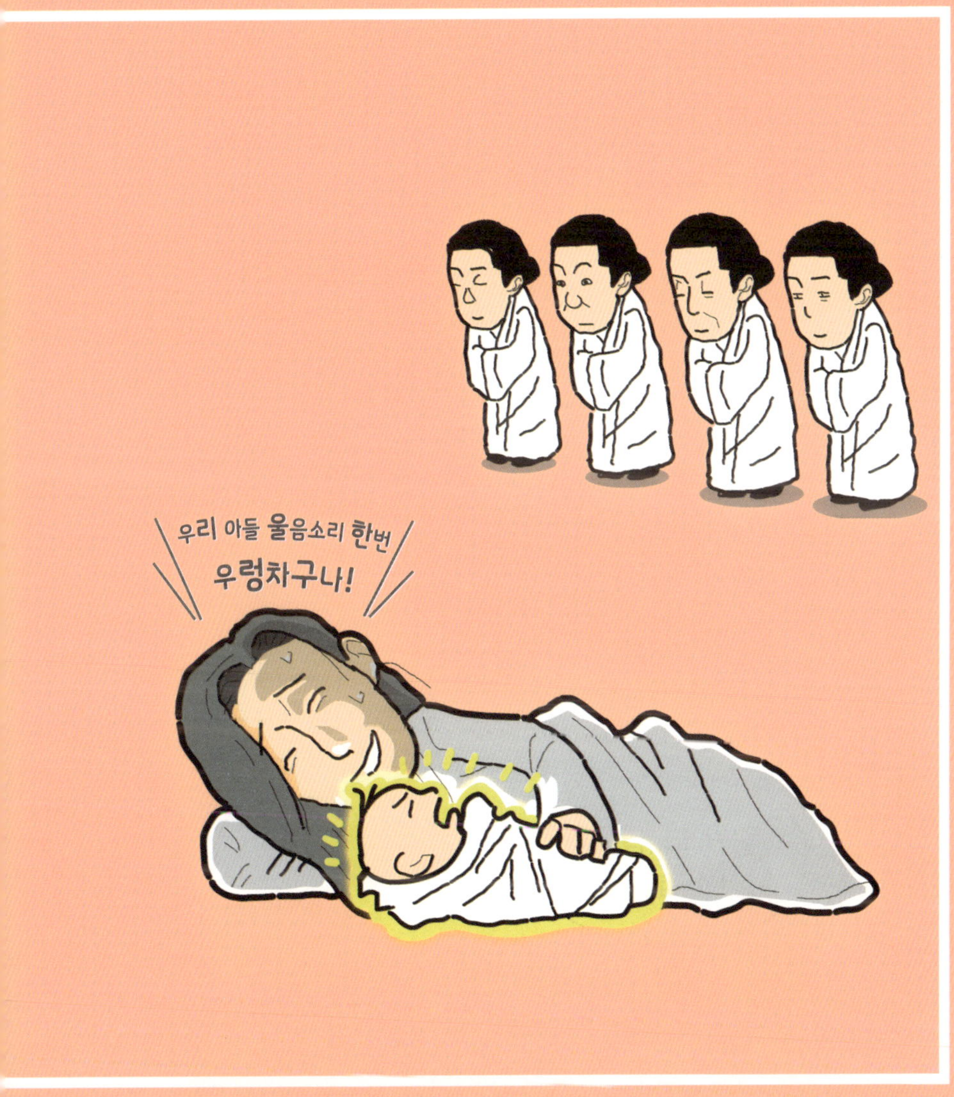

고구려를 세운 위대한 내 아버지 주몽.
나와 비류 형은 아버지를 무척 존경하며 따랐어.
그런데 슬프게도 아버지 곁을 떠나야 할 일이 생겼어.
부여에서 태어난 아버지의
첫째 아들 유리가 찾아온 거야.
징표라나 뭐라나 하는 칼 반쪽을 들고 말이야.
아버지는 유리를 왕의 자리를 이어받을 태자로 삼았지.

이럴 수가!
딱 들어맞아!
아버지 아들이 맞아!

그러니 나와 비류 형은 졸지에 어떻게 되겠어?
형이나 내가 당연히 아버지의 뒤를 이어
고구려 왕이 될 줄 알았는데.
부여에서 온 첫째 아들에게 왕의 자리를 물려주다니!
어머니 소서노의 슬픔과 근심도 컸지.

나는 굳은 결심을 하고 비류 형에게 말했어.
"어머니를 모시고 고구려를 떠나면 어떨까?"
그러자 비류 형이 고개를 끄덕이며 말했지.
"나도 그런 생각을 하고 있었어.
여기 있어 봤자, 개밥에 도토리 같은 신세야!"
"맞아, 형. 차라리 따뜻한 남쪽으로 내려가
우리가 새로 나라를 세우는 게
나을지도 모르겠어."

어머니도 우리의 뜻에 찬성했어.
어머니를 따르던 많은 사람이
우리와 함께 고구려를 떠나기로 했어.

우리는 산 넘고 물 건너 남쪽으로 남쪽으로 내려오다
아주 좋은 땅을 발견했어.
'하늘은 스스로 돕는 자를 돕는다!'
이 말이 딱 생각나더군.
산 위에서 내려다보니 커다란 강이 보이는 거야.
동쪽으로는 높은 산이 떡하니 버티며 섰고,
남쪽으로는 기름진 땅이 넓게 펼쳐져 있었지.
서쪽은 바다로 막혀 있고 말이야.
바로 한강 유역이었어.

"어머니, 이곳에 나라를 세우면 어떨까요?"
"그래, 여러모로 좋은 곳이구나!"
어머니는 흔쾌히 찬성하는데, 비류 형은 싫다고 했어.
"나는 바닷가 근처로 가서 나라를 세울 거야.
배를 타고 어디라도 나갈 수 있으니까
그곳에 나라를 세우면 더 크게 만들 수 있을 거야."

나와 어머니가 아무리 말려도
비류 형은 고집을 꺾지 않았어.
어찌하겠어?
나는 비류 형의 뜻을 존중하기로 했지.

"형, 우리가 지금은 헤어지지만 각자 나라를 세우고,
다시 만났을 때 서로의 이야기를 밤새도록 나누자고!"
그렇게 해서 우리는 헤어졌고 어머니는 나를 따랐어.

나는 한강의 남쪽에 자리를 잡았어.
이곳에는 먼 옛날부터 많은 사람이 모여 살고 있었어.
그만큼 땅이 좋다는 거야.
나는 위례성에 나라를 세우고,
나라 이름을 '십제'라고 지었어.
신하 열 명이 충성을 다해 도와주었기 때문이야.
신하들이 도와주지 않았다면
나 혼자서 나라를 세울 수나 있었겠어?
내가 아무리 왕이라지만
신하들의 공을 잊어서는 안 되지, 암.

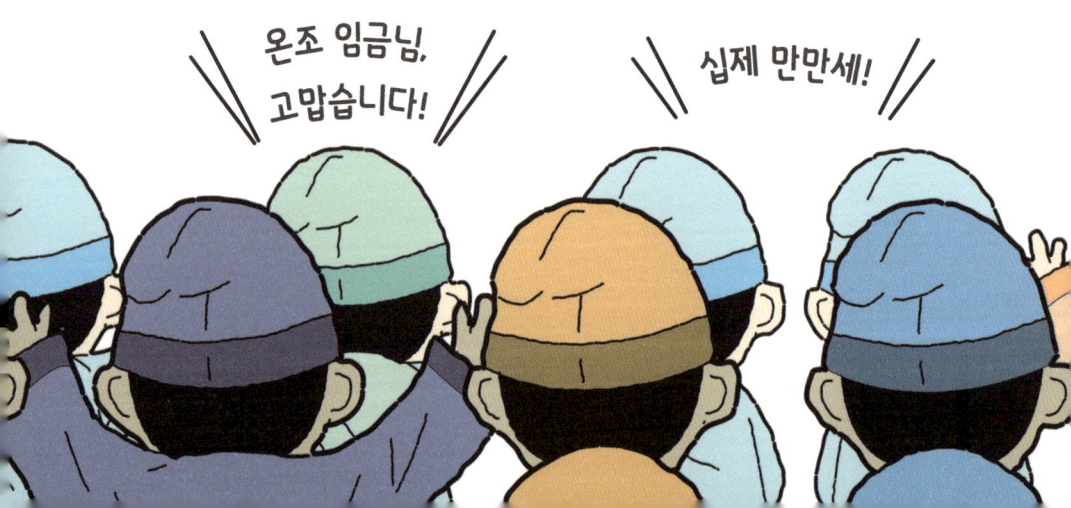

비류 형은 어떻게 됐냐고?
바다가 보이는 미추홀(인천)로 가서 자리를 잡았어.
그곳은 땅에 물기가 많고 물이 짜서 농사짓기에 알맞지 않았지.
가난한 백성들은 비류 형을 원망하기 시작했어.

비류 형을 따라갔던 백성들이 다시 돌아왔어.
나는 형의 백성들을 모두 받아들였어.
"이리 고마우실 수가!"
"비류왕을 따른 우리를 거두어 주시다니!"
"역시 온조왕은 마음이 넓으셔!"

나라가 커지자,
나는 나라 이름을 '백제'로 바꾸었지.

한강 유역은 생각대로 좋은 땅이었어.
나의 탁월한 선택!
바닷길을 통해 중국도 갈 수 있고,
남쪽으로 땅을 넓히면 남해를 따라
왜와도 교류하기 좋았어.

이렇듯 기름진 땅에서 백성들은 농사짓고,
풍년이 들어 잘살았어.
나는 주변의 작은 나라까지 아우르며
백제를 쑥쑥 키워 나갔지.

어때?
내가 세운 백제도,
부여나 고구려만큼 잘 커 나가고 있지?
그런데 우리 백제 가까이에 또 다른 한줄기,
형제 같은 나라가 있었으니,
그 나라는 바로 신라.
어, 멀리 신라 땅에서
신라를 세운 박혁거세 할아버지의 목소리가 들려오네.

4 신라, 고조선 사람들이 뿌리내린 곳

내가 태어날 즈음 한반도 남쪽에는
크고 작은 나라 수십 개가 생겨났어요.
위만에게 왕의 자리를 빼앗긴
고조선의 준왕이 꽤 많은 사람을 데리고
남쪽으로 내려왔거든요.
고조선 사람들이 내려오면서 큰 변화를 맞게 되었어요.
바로 그들이 들고 온 철로 만든 새로운 물건 때문이었지요.
아, 내가 누구냐고요?
그때 변화의 한복판에서
신라를 세우기 위해 태어난 박혁거세올시다.

철은 남쪽 사람들에게 깜짝 놀랄 만한
뛰어난 물건이었어요.
그래서 철로 만든 물건이나 철을 다룰 줄 아는 사람은
신기하면서도 무서운 존재였지요.

그러니 철을 다룰 줄 아는 사람들이
철로 만든 무기를 들고 쳐들어오면 어떻게 되겠어요?
작은 나라들은 힘없이 밀려나는 거지요.
"아무래도 안 되겠어요.
이웃 나라들과 힘을 합쳐 서로 도와야 해요!"
작은 나라들끼리 뭉쳐서 서로 도움을 주고받기 시작했어요.
다른 나라가 쳐들어오면 서로 군사를 보내 함께 싸웠지요.

이렇게 70여 개의 나라가 서로 돕기도 하면서
옥신각신 살았던 곳이
마한, 진한, 변한으로 불린 '삼한'이랍니다.
모두 가장 큰 나라의 대표가 왕 역할을 하면서
마한, 진한, 변한을 각각 이끌어 갔답니다.

특히 진한은 철을 다루는 기술이 아주 뛰어났어요.
그래서 고조선 사람들이 뿌리내린 곳이
진한이 아니냐는 얘기도 나온 거지요.
진한의 가장 큰 나라, 즉 대표 나라는 사로국!
나는 바로 거기서 태어났답니다.
나라를 세웠으니 알에서 태어났냐고요?

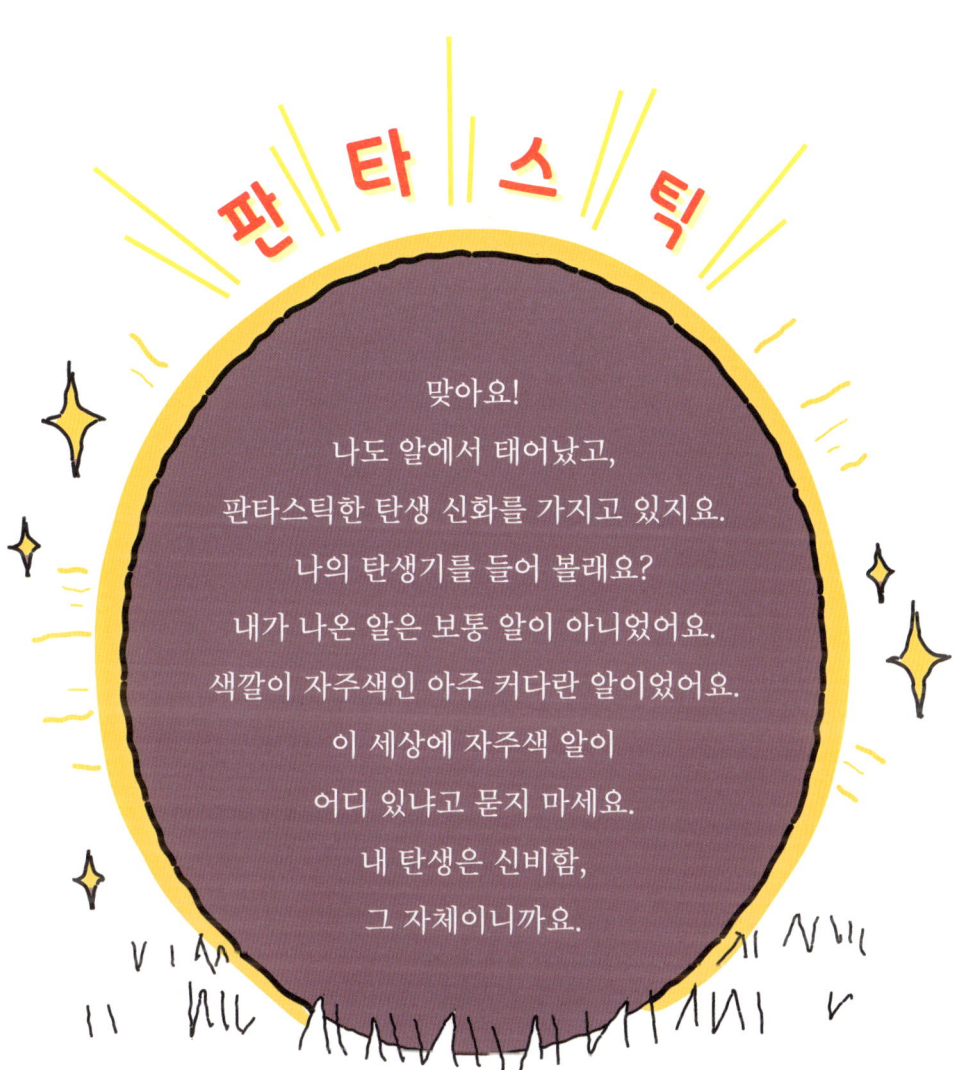

판타스틱

맞아요!
나도 알에서 태어났고,
판타스틱한 탄생 신화를 가지고 있지요.
나의 탄생기를 들어 볼래요?
내가 나온 알은 보통 알이 아니었어요.
색깔이 자주색인 아주 커다란 알이었어요.
이 세상에 자주색 알이
어디 있냐고 묻지 마세요.
내 탄생은 신비함,
그 자체이니까요.

왕을 원해요!

동쪽 진한 땅에 여섯 마을로 이루어진
사로국이 있었는데,
마을마다 촌장이 있었어요.
여섯 촌장은 중요한 일을 의논하면서
마을을 함께 다스렸지요.
그런데 촌장이 여섯이나 되는데도
왕이 없으니 어째요?
촌장들 말에 따르지 않는
백성들이 많았고, 이웃 마을에서
자주 쳐들어오기도 했답니다.

우리에게 왕을 달라!

왕을 뽑읍시다!

음…….

왕이 필요해!

왕! 왕!

"왕이 있어야 백성들도 잘 따르고, 다른 마을에서 얕잡아 보지 않을 텐데……."

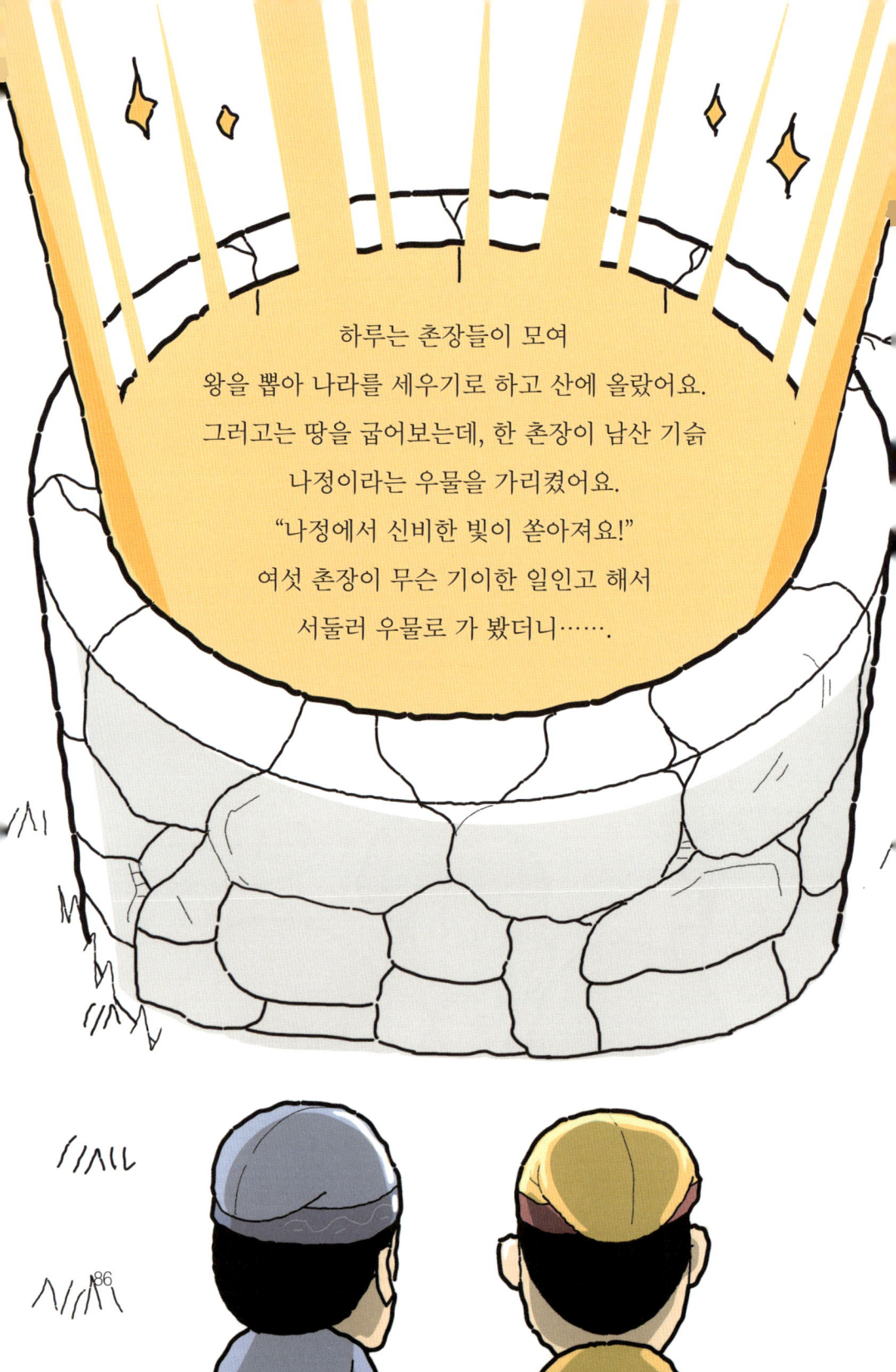

하루는 촌장들이 모여
왕을 뽑아 나라를 세우기로 하고 산에 올랐어요.
그러고는 땅을 굽어보는데, 한 촌장이 남산 기슭
나정이라는 우물을 가리켰어요.
"나정에서 신비한 빛이 쏟아져요!"
여섯 촌장이 무슨 기이한 일인고 해서
서둘러 우물로 가 봤더니…….

우물가에 놓인 자주색 커다란 알 앞에서
흰말 한 마리가 꿇어앉아 절을 하고 있지 않겠어요?
촌장들이 나타나자
흰말은 울음소리를 길게 내면서
하늘로 올라갔지요.

촌장들이 조심스레 알을 깨 보았더니
알 속에서 기품 있고 튼튼한 사내아이가
나왔지 뭐예요.
"허허! 이런 기이한 일이 있나!"
"우리의 기도가 하늘에 닿았나 보오."
"그래요. 하늘이 우리에게 왕이 될 아이를
보내 준 게 틀림없소."

촌장들은 사내아이를 데리고
동쪽에 있는 작은 샘으로 가서 깨끗이 씻겼어요.
그랬더니 사내아이 몸에서 밝은 빛이 뿜어 나오고,
하늘과 땅이 흔들리고, 동물들이 사내아이의 탄생을
축하하기라도 하듯 춤을 추었지요.
"오, 과연 하늘이 내린 아이로구나!
아이에게 이름을 지어 줍시다."

"박처럼 둥근 알에서 나왔으니 성은 박 씨가 어떻겠소?"
"세상을 밝고 환하게 빛낸다는 뜻으로
이름은 혁거세가 좋겠소."
나, 박혁거세는 이렇게 탄생했지요!

나는 열세 살에 알영과 혼인했어요.
알영은 알영정이라는 우물 가에서
닭 머리를 한 용이 옆구리로 낳은 여자아이였답니다.
나하고 우물가에서 태어난 게 비슷하지요?
나는 왕이 되어 나라 이름을 '서라벌'이라고 짓고,
서라벌의 첫 번째 왕이 되었지요.
서라벌은 '신라'의 옛 이름이랍니다.

왕이 되자 나는 왕비 알영과 함께
여섯 마을을 돌면서 백성들을 보살폈어요.
특히 백성들에게 농사와 누에치기를
권하며 힘을 북돋아 주었지요.
백성이 없으면 왕도 없으니
백성들이 얼마나 귀한 사람입니까?
나의 이런 마음을 백성들도 알아주었답니다.

내가 왕이 된 지 30년 되던 해.
어느 날 낙랑 군사들이 쳐들어왔어요.
하지만 낙랑 군사들은 싸우기도 전에 스스로 물러났어요.
우리 신라 사람들이 밤에도 문을 걸어 잠그지 않으니
도적도 없는 나라인가 보다 하며 놀란 거예요.
서로 믿고 사니 문을 잠글 필요가 뭐 있겠어요.

놀랍다!

그뿐만이 아니에요.
들에 곡식 더미를 그대로 쌓아 둔 걸 보고는
낙랑 군사들은 다시 한번 놀랐어요.
"앗, 지키는 사람도 없는데 곡식을 훔쳐 가지 않다니!"
우리 신라가 도덕과 의리를 잘 지키고,
부자일 거로 생각한 거예요.
군사와 무기도 많을 거로 생각해서
당장 돌아갔지 뭐예요.

이런 일도 있었어요.
한번은 호공이라는 신하를
마한에 보냈는데,
마한 왕이 공물을 바치지
않는다고 화를 냈어요.
호공은 마한 왕에게
이렇게 말했다지요.

우리 신라는 창고에 곡식이 가득 차고,
백성들은 서로 존중하며 자기를 내세우거나 자랑하지 않습니다.
그저 뭐든지 먼저 사양하고 양보합니다.
그런 백성을 다스리는 우리 임금님이 겸허하게
신하인 저를 보내 안부를 묻는 것인데 너무 지나치십니다.

이런 마한 왕이 죽자 신하들이 나를 부추기더군요.
"공물을 요구하던 나쁜 나라니
이 기회에 마한을 정복하는 게 어떻겠습니까?"
나는 이렇게 대답했지요.
"다른 사람의 불행을 행운으로 여기는 것은
어질지 못하느니라!"

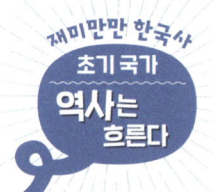

재미만만 한국사 초기 국가
역사는 흐른다

부여 등장.

고조선 넘버원, 부여 넘버 투!

기원전 1세기경

고조선 멸망.

기원전 108년

온조, 백제 건국.

기원전 18년

고구려, 국내성으로 수도를 옮김.

기원후 3년

부여 왕 대소, 고구려와의 전쟁에서 죽음.

22년

김수로, 금관가야 건국.

42년

고구려 태조왕, 옥저 정복.

56년

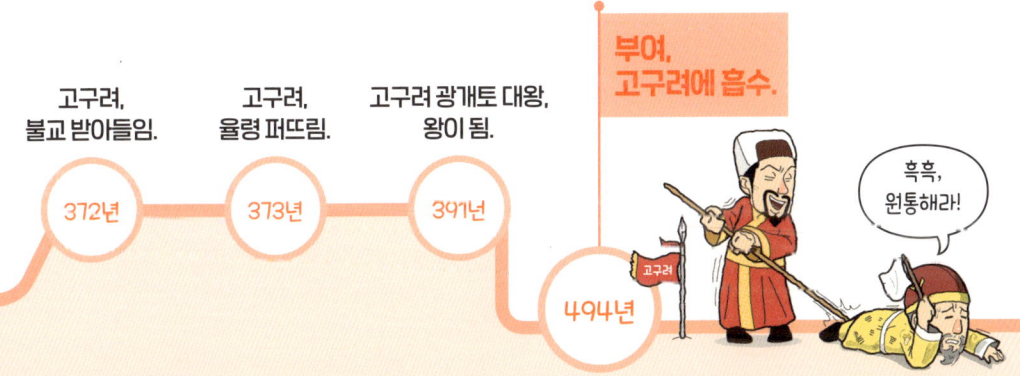

글 양혜원

'제1회 문학동네 어린이문학상'을 받으며 어린이책 작가가 되었습니다. 시골에서 텃밭 농사를 지으며 책 읽고 글 쓰는 일에 푹 빠져 지냅니다. 쓴 책으로는 『하루 왕따』, 『꼴찌로 태어난 토마토』, 『여우골에 이사 왔어요』, 『올깃쫄깃 찰지고 맛난 떡 이야기』, 『오늘 미세먼지 매우 나쁨』, 『이랬다저랬다 흥칫뿡!』 등이 있습니다.

그림 전기훈

네이버 그라폴리오에서 '후니'라는 이름으로 육아 일기를 연재하고 있습니다. 옳은 것을 이야기하고 그 안에서 창조적인 즐거움을 그려 낼 줄 아는 정직한 작가가 되기 위해 열심히 노력하고 있습니다. 그린 책으로는 『그게몬데 지식 탐험대 우리 생활사』, 『그게몬데 지식 탐험대 우리 문화재』가 있습니다.

감수 하일식

연세대학교 사학과를 졸업하고, 같은 학교 대학원에서 고대사를 연구하여 박사 학위를 받았습니다. 현재 연세대학교 사학과 교수로 학생들을 가르치고 있습니다. 쓴 책으로는 『신라 집권 관료제 연구』, 『경주 역사 기행』, 『한국 고대사 산책』(공저), 『고려시대 사람들의 삶과 생각』(공저) 등이 있습니다.